वालि वध

विवेक कुमार पांडे शंभुनाथ

ISBN 979-888591769-8

क्रम-सूची

प्रस्तावना

इस किताब में वालि वध संक्षेप में दिया गया है कैसे वालि का वध हुआ.।
इस किताब को लिखने के दौरान कोई भी धर्म और कोई भी जाती एवम
किसी भी परिवार के सदस्य को नुकसान नहीं पहुंचा या गया है और इस
किताब को लिखा है श्री विवेक कुमार पांडे शंभुनाथ जी ने.।

भूमिका

मेरा नाम विवेक कुमार पांडे है और मैं एक लेखक हु , में गुजरात के सुरत में निवास करता हूं.मेरा जन्म ३० सेप्टेंबर को २००२ में हुआ था, और मुझे बचपन से एक्टर बनने का सोख रहा है और अभी भी है.। में कभी ये नहीं सोचता की लोग क्या कर रहे हैं में ये सोचता हूं कि में क्या कर रहा हूं, में आज सफल हूं तो अपने पापा की वजह से आज वो रहते तो उन्हें बहुत खुशी होती , वो सदा और हमेशा मेरे साथ रहेंगे.।

1

राम की वापसी और विलाप

- **राम की वापसी और विलाप**

मारीच का वध कर के राम आश्रम की ओर लौट रहे थे तो पीछे से एक मादा सियार ने बड़े कठोर स्वर में चीत्कार किया। वन के मृग एवं पक्षी उनके बायीं ओर चलने और उड़ने लगे। इन अपशकुनों को देखकर राम का हृदय आशंकित हो उठा। उन्हें सीता के अशुभ की चिन्ता सन्तप्त करने लगी। इतने में ही उन्होंने मार्ग में लक्ष्मण को आते देखा। लक्ष्मण को देख कर उन्हें ऐसा प्रतीत हुआ कि किसी राक्षसी षड्यंत्र के फलस्वरूप सीता किसी कठिनाई में फँस गई है।

चिन्तित हो कर उन्होंने लक्ष्मण से पूछा, "लक्ष्मण! सीता कहाँ है? मैंने तुम्हें आदेश दिया था कि तुम सीता की रक्षा करना तो तुम उसे अकेली कैसे छोड़ आये? वह किसी विपत्ति में तो नहीं फँस गई? वह जीवित होगी कि नहीं? शीघ्र बताओ उसे क्या हुआ है? यदि वह जीवित नहीं होगी तो मैं भी अपने प्राण त्याग दूँगा। कहीं ऐसा तो नहीं है कि उस मायावी राक्षस ने हा 'लक्ष्मण!' कह कर तुम्हें भी भ्रम में डाल दिया

है और तुम सीता को अकेली छोड़ कर यहा दौड़ आये हो? अथवा सीता ने ही भ्रमित हो कर तुम्हें यहाँ आने को विवश किया हो। ऐसा प्रतीत होता है कि राक्षसों ने अपने प्रतिशोध लेने के लिये यह चाल चली है और तुम इसमें फँस गये हो। खर और दूषण की मृत्यु का बदला लेने के लिये उन्होंने सीता का वध कर डाला होगा।"

राम के इन वचनों से व्यथित लक्ष्मण बोले, "भैया! मैं उन्हें स्वयं अपनी इच्छा से छोड़ कर नहीं आया हूँ। मैंने उन्हें अनेक प्रकार से समझाया किन्तु वे चेतना मोह से ग्रसित होकर मुझसे कहने लगीं कि तुम्हारे मन में पापपूर्ण भाव भरा हुआ है, तुम अपने भाई के दुश्मन हो और उनकी मृत्यु के पश्चात् मुझे प्राप्त करना चाहते हो। उनके इस प्रकार से कहने पर मैं रोष से भर उठा और आश्रम से निकल आया। इस प्रकार से उन्होंने ही कठोर वचन कह कह कर मुझे यहाँ आने के लिये विवश कर दिया।"

लक्ष्मण के वचनों को सुनकर राम ने कहा, "सौम्य! तुम सीता को छोड़ कर चले आये यह तुमने अच्छा नहीं किया। सीता तो क्रोध में विक्षिप्त हो रही थी और क्रोध में भरी हुई नारी के मुख से कठोर वचन निकलना आश्चर्य की बात नहीं है। किन्तु तुम तो समझदार हो। मेरे आदेश की अवहेलना कर तुम्हारा इस प्रकार से चले आना अनुचित है।"

चिन्तित राम और लक्ष्मण जब अपने आश्रम पहुँचे तो। उन्हें सीता कहीं दिखाई नहीं दी। उन्होंने समस्त पर्णशालाओं को देख डाला किन्तु वे सभी सभी सूनी मिलीं। जैसे हेमन्त ऋतु के हिम से ध्वस्त होकर कमलिनी श्रीहीन हो जाती है उसी प्रकार से पर्णशालाएँ शोभाशून्य थीं। आश्रम के वृक्ष और पत्ते भी वायु में सन-सना कर दुःख से रो रहे प्रतीत होते थे। मृगछाला और कुश इधर-उधर बिखरे पड़े थे, आसन औंधे पड़े थे, वृक्षों के फूल-पत्ते तथा कहीं-कहीं टहनियाँ टूटी या अधटूटी पड़ी थीं।

आश्रम का अस्त-व्यस्त दृश्य देख कर राम विचार करने लगे। सीता का किसी ने हरण कर लिया, अथवा किसी दुष्ट राक्षस ने उसे अपना आहार बना लिया। कहीं वह फूल चुनने तो नहीं गई या जल लाने नदी पर तो नहीं चली गई। जब सब ओर खोजने पर भी उन्हें सीता कहीं दिखाई न दी तो शोक के कारण उनकी आँखें लाल हो गईं। नदी-नालों, पर्वत-

कन्दराओं में जा-जा कर वे उन्मत्त की भाँति आवाज दे-दे कर सीता की खोज करने लगे। अन्त में उनकी उन्मत्तता इतनी बढ़ गई कि वे कभी कदम्ब के वृक्ष के पास जाकर कहते, "हे कदम्ब! मेरी सीता को तेरे पुष्पों से बहुत स्नेह था। तू ही बता वह कहाँ है?" कभी विल्व के पास जा कर उससे पूछते, "हे विल्व विटप! क्या तुमने पीतवस्त्रधारिणी सीता को कहीं देखा है?" इस प्रकार वे कभी किसी वृक्ष से, कभी किसी लता से और कभी पुष्प समूहों से सीता का पता पूछते। कभी अशोक वृक्ष के पास जा कर कहते, "अरे अशोक विटप! तेरा तो नाम ही अशोक है, फिर तू सीता से मेरी भेंट करा कर मेरे शोक का हरण क्यों नहीं करता?" फिर ताड़ के वृक्ष से कहते, "तू तो सब वृक्षों से ऊँचा है। तू दूर-दूर की वस्तुएँ देख सकता है। देख कर बता क्या तुझे सीता कहीं दिखाई दे रही है। चुपचाप खड़ा न रह। यदि तू देखना चाहेगा तो तुझे वह अवश्य दिखाई देगी।"

इस प्रकार नाना प्रकार के वृक्षों से पूछ-पूछ कर रामचन्द्र विलाप करने लगे, "हे प्राणवल्लभे जानकी! तू कहाँ छिप गई? यदि तू वृक्षों की ओट में छिप कर हँसी कर रही है तो मैं तुझसे प्रार्थना करता हूँ, तू प्रकट हो जा। देख, मैं तेरे बिना कितना व्याकुल हो रहा हूँ। अब बहुत हँसी हो चुकी। मैं हार मानता हूँ। मैं तुझे नहीं ढूँढ पा रहा हूँ। या तू सचमुच मुझसे रूठ गई है। हा सीते! बोल, जल्दी बोल, तू कहाँ है? इधर देख, तेरे साथ खेलने वाले मृग शावक भी तेरे वियोग में अश्रु बहा रहे हैं। सीते! तेरे बिना मैं जीवित नहीं रह सकता। मैं चाहता हूँ, अभी तेरे वियोग में अपने प्राण त्याग दूँ किन्तु पिता की आज्ञा से विवश हूँ। मुझे स्वर्ग में पा कर वे धिक्करेंगे और कहेंगे 'तू मेरी आज्ञा की अवहेलना कर के – चौदह वर्ष की वनवास की अवधि पूरी किये बिना ही – स्वर्ग में कैसे चला आया।' हा! मैं कितना अभागा हूँ, जो तुम्हारे विरह में मर भी नहीं सकता। हाय जानकी! तुम ही बताओ, तुम्हारे बिना मैं क्या करूं?"

बड़े भाई को विलाप करते देख लक्ष्मण ने उन्हें धैर्य बँधाते हुये कहा, "हे नरोत्तम! रोने और धैर्य खोने से कोई लाभ नहीं होगा। आइये, आश्रम से बाहर चल कर वनों और गिरि-कन्दराओं में भाभी की खोज करें। उन्हें वनों तथा पर्वतों में भ्रमण करने का चाव था। सम्भव है, वहीं कहीं भ्रमण कर रही हों। यह भी सम्भव है कि गोदावरी के तट पर बैठी मछलियों की

जलक्रीड़ा देख रहीं हों या किसी भय की आशंका से भयभीत हो कर किसी लता कुँज में बैठी हों। इसलिये हमारे लिये यही उचित है कि हम विषाद और चिन्ता को छोड़ कर उनकी खोज करें।"

लक्ष्मण के युक्तियुक्त वचन सुन कर राम उसके साथ वनों, लताओं, गिरि-कन्दराओं आदि में खोज करने के लिये चले। उन दोनों ने समस्त वन, पर्वत-कन्दरा आदि में खोज डाला, किन्तु सीता उन्हें कहीं नहीं मिली।

अन्त में राम निराश हो कर बोले, "सौमित्र! यहाँ तो कोई ऐसा स्थान शेष नहीं बचा जहाँ हमने जानकी की खोज न की हो, परन्तु हमें सर्वत्र निराशा ही हाथ लगी। अब ऐसा प्रतीत होता है कि मेरी सीता मुझे कभी नहीं मिलेगी। मैं वनवास की अवधि बिता कर जब अयोध्या लौटूँगा और माता कौसल्या पूछेंगी कि सीता कहाँ है तो मैं उन्हें क्या उत्तर दूँगा? मिथिलापति जनक को क्या मुँह दिखाउँगा।"

वे जोर-जोर से विलाप करने लगे, "हे सीते! मैं तुम्हें कहाँ ढूँढू? हे वनों के मृगों! क्या तुमने कहीं मृगनयनी सीता को देखा है? हे वनों की कोकिलों! क्या तुमने कहीं कोकिलाकण्ठी जानकी को देखा है? कोई तो कुछ बताओ। क्या सभी मेरे लिये निर्मोही हो गये हो? कोई नहीं बोलता, कोई नहीं बताता। कोई भी मुझसे बात करना नहीं चाहता। मैं नपुंसक हूँ, कायर हूँ जो अपनी भार्या की रक्षा न कर सका।"

थोड़ी देर मौन रहने के पश्चात् वे फिर लक्ष्मण से बोले, "हे सौमित्र! अब सीता के बिना मैं किसी को मुख दिखाने के लायक नहीं रहा। मैं अवधि पूर्ण होने पर भी अयोध्या नहीं जाउँगा। तुम अब अयोध्या लौट जाओ। भरत से कह देना अब तुम ही अयोध्या का राज्य सँभालो। मैं कभी नहीं लौटूँगा। माता कौसल्या से कहना कि किस प्रकार सीता का अपहरण हो गया और उसकी विरह-व्यथा को न सह सकने के कारण राम ने आत्महत्या कर ली। अब तुम्हारे जाते ही मैं गोदावरी नदी में डूब कर अपने प्राण त्याग दूँगा। मैं इस संसार में सबसे बड़ा पापी हूँ। इसीलिये तो मुझे एक के पश्चात् एक अनेक दुःख मिलते चले जा रहे हैं। पहले पिताजी का स्वर्गवास हुआ और अब सीता भी मुझे छोड़ कर जाने कहाँ चली गई। घर बार और सम्बंधी तो पहले ही छूट गये थे। मुझे रह-रह

कर यह ध्यान आता है कि सीता राक्षसों के चंगुल में फँस गई है। वह भी रो-रो कर अपने प्राण विसर्जित कर रही होगी। तुम कहते हो कि वन में या गोदावरी के तट पर गई होगी। ये सब मुझे बहलाने की बातें हैं। जो वनवास की इतनी लम्बी अवधि में एक बार भी आश्रम से अकेली बाहर नहीं निकली, वह आज ही कैसे जा सकती है? अवश्य ही राक्षसों ने उसका अपहरण कर लिया है अथवा उसे अपना आहार बना लिया है। इन वृक्षों, पशुओं आदि से इतना सामीप्य होते हुये भी कोई मुझे सीता का पता नहीं बताता। हा सीते। हा प्राणवल्लभे! तू ही बता मैं तुझे कहाँ ढूँढू? कहाँ जा कर खोजूँ?"

2

जटायु की मृत्यु

- जटायु की मृत्यु

राम को इस प्रकार दुःख से कातर और शोक सन्तप्त देख लक्ष्मण ने उन्हें धैर्य बँधाते हुये कहा, "भैया! आप तो सदैव मृदु स्वभाव वाले और जितेन्द्रिय रहे हैं। शोक के वशीभूत होकरआप अपने स्वभाव का परित्याग मत कीजिये। हे रघुकुलभूषण! कितने ही महान कर्म, अनुष्ठान और तपस्या करके हमारे पिता महाराज दशरथ ने आपको प्राप्त किया है। आपसे वियोग हो जाने के कारण ही उन्होंने अपने प्राण त्याग दिये। आप धैर्य धारण करें। संसार में प्रत्येक प्राणी पर विपत्तियाँ आतीं हैं किन्तु विपत्तियाँ हमेशा नहीं रहतीं, कुछ काल पश्चात् उनका अन्त हो जाता है। हमारे गुरु वसिष्ठ जी के सौ पुत्रों का एक ही दिन में गुरु विश्वामित्र ने वध कर दिया था। देवता तक भी प्रारब्ध की मार से नहीं बच पाते फिर देहधारी प्राणी कैसे बच सकते हैं? आप तो स्वयं महान विद्वान हैं मै भला आपको क्या शिक्षा दे सकता हूँ। आप परिस्थितियों पर विचार कर के धैर्य धारण करें। इस जनस्थान में खोजने से कहीं न कहीं हमें जानकी जी अवश्य मिल जायेंगी।"

लक्ष्मण के सारगर्भित उत्तम वचनों को सुन कर राम ने प्रयासपूर्वक धैर्य धारण किया और लक्ष्मण के साथ सीता की खोज करने के लिये खर-दूषण के जनस्थान की ओर चले। मार्ग में उन्होंने विशाल पर्वताकार शरीर वाले जटायु को देखा। उसे देख कर उन्होंने लक्ष्मण से कहा, "भैया! मुझे ऐसा प्रतीत होता है कि इसी जटायु ने सीता को खा डाला है। मैं अभी इसे यमलोक भेजता हूँ।"

ऐसा कह कर अत्यन्त क्रोधित राम ने अपने धनुष पर प्रत्यंचा चढ़ाई और जटायु को मारने के लिये आगे बढ़े। राम को अपनी ओर आते देख जटायु बोला, "आयुष्मान्! अच्छा हुआ कि तुम आ गये। सीता को लंका का राजा हर कर दक्षिण दिशा की ओर ले गया है और उसी ने मेरे पंखों को काट कर मुझे बुरी तरह से घायल कर दिया है। सीता की पुकार सुन कर मैंनें उसकी सहायता के लिये रावण से युद्ध भी किया। ये मेरे द्वारा तोड़े हुए रावण के धनुष उसके बाण हैं। इधर उसके विमान का टूटा हुआ भाग भी पड़ा है। यह रावण का सारथि भी मरा हुआ पड़ा है। परन्तु उस महाबली राक्षस ने मुझे मार-मार कर मेरी यह दशा कर दी। वह रावण विश्रवा का पुत्र और कुबेर का भाई है।"

इतना कह कर जटायु का गला रुँध गया, आँखें पथरा गईं और उसके प्राण पखेरू उड़ गये।

जटायु के प्राणहीन रक्तरंजित शरीर को देख कर राम अत्यन्त दुःखी हुए और लक्ष्मण से बोले, "भैया! मैं कितना अभागा हूँ। राज्य छिन गया, घर से निर्वासित हुआ, पिता का स्वर्गवास हो गया, सीता का अपहरण हुआ और आज पिता के मित्र जटायु का भी मेरे कारण निधन हुआ। मेरे ही कारण इन्होंने अपने शरीर की बलि चढ़ा दी। इनकी मृत्यु का मुझे बड़ा दुःख है। तुम जा कर लकड़ियाँ एकत्रित करो। ये मेरे पिता तुल्य थे इसलिये मैं अपने हाथों से इनका दाह-संस्कार करूँगा।"

राम की आज्ञा पाकर लक्ष्मण ने लकड़ियाँ एकत्रित कीं। दोनों ने मिल कर चिता का निर्माण किया। राम ने पत्थरों को रगड़ कर अग्नि निकाली। फिर द्विज जटायु के शरीर को चिता पर रख कर बोले, "हे पूज्य गृद्धराज! जिस लोक में यज्ञ एवं अग्निहोत्र करने वाले, समरांगण में लड़ कर प्राण देने वाले और धर्मात्मा व्यक्ति जाते हैं, उसी लोक को

आप प्रस्थान करें। आपकी कीर्ति इस संसार में सदैव बनी रहेगी।"

यह कह कर उन्होंने चिता में अग्नि प्रज्वलित कर दी। थोड़ी ही देर में जटायु का नश्वर शरीर पंचभूतों में मिल गया। इसके पश्चात् दोनों भाइयों ने गोदावरी के तट पर जा कर दिवंगत जटायु को जलांजलि दी।

3

कबन्ध का वध

इस प्रकार पक्षिराज जटायु के लिये जलांजलि दान कर के वे दोनों रघुवंशी बन्धु सीता की खोज में दक्षिण दिशा की ओर चले। कुछ दूर आगे चल कर वे एक ऐसे वन में पहुँचे जो बहुत से वृक्षों, झाड़ियों एवं लता बेलों द्वारा सभी ओर से घिरा हुआ था तथा अत्यन्त दुर्गम, गहन और दुर्गम था। उसे पार कर वे क्रौंचारण्य नामक वन, जो कि जनस्थान से तीन कोस दूरी पर स्थित था, के भीतर पहुँचे। वह वन भी सघन अनेक मेघों के समूह के सदृश श्याम प्रतीत होता था किन्तु विविध रंग के सुन्दर फूलों से सुशोभित होने का कारण हर्षोत्फुल्ल सा भी जान पड़ता था। उसके भीतर अनेक पशु-पक्षी निवास करते थे। वहाँ पर उन्होंने सीता को खोजना आरम्भ किया किन्तु बहुत खोजने पर भी जब कोई परिणाम नहीं निकला तो वे और आगे चले। इस वन को पार कर के मतंग मुनि के आश्रम ले पास जा पहुँचे। वय वन भी भयानक और हिंसक पशुओं से परिपूर्ण था। घूमते-घूमते वे ऐसी पर्वत कन्दरा पर पहुँचे तो पाताल की भाँति गहरी तथा सदा अन्धकार से आवर्त रहती थी।

उस विशाल कन्दरा के मुख पर एक अत्यन्त मलिन, लम्बे पेट वाली, बड़े-बड़े दाँतों और बिखरे केश वाली, मलिनमुखी विकराल राक्षसी बैठी

हुई हड्डी चबा रही थी। राम लक्ष्मण को देख कर वह अट्टहास करती हुई दौड़ी और लक्ष्मण से लिपट कर बोली, "आओ हम दोनों रमण करें। मेरा नाम अयोमुखी है। तुम मुझे पतिरूप में मिले हो और मैं अब तुम्हारी भार्या हूँ।"

उसकी इस कुचेष्टा से क्रुद्ध हो कर लक्ष्मण ने अपनी म्यान से तलवार निकाली और उसके नाक, कान तथा स्तन काट डाले। उसके सारे शरीर पर रक्त की धाराएँ बहने लगीं और वह चीत्कार करती हुई वहाँ से भाग गई।

अयोमुखी के भाग जाने के पश्चात् दोनों भाई थोड़ी दूर गये थे कि वन में भयंकर आँधी चलने लगी। उन्हें एक भयंकर स्वर सुनाई दिया जिसकी गर्जना से सम्पूर्ण वनप्रान्त गूँज उठा। सावधान हो कर दोनों भाइयों ने तलवार निकाल कर उस दिशा में पग बढ़ाये जिधर से वह भयंकर गर्जना आ रही थी। कुछ ही दूर जाने पर उन्होंने गज के आकार वाले बिना गर्दन के कबन्ध (धड़मात्र) राक्षस को देखा। उसका न तो गर्दन था और न ही मस्तक। उसके पेट में ही उसका मुँह बना हुआ था और छाती में ललाट था जिसमें अंगारे के समान दहकती हुई एक ही आँख थी। वह दोनों मुट्ठियों में वन के जन्तुओं को पकड़े इनका मार्ग रोके खड़ा था। राम-लक्ष्मण को देखते ही उसने लपक कर दोनों को एक साथ ही बलपूर्वक तथा पीड़ा देते हुए पकड़ लिया और बोला, "बड़े भाग्य से आज ऐसा सुन्दर भोजन मिला है। तुम दोनों को खा कर मैं अपनी क्षुधा शान्त करूँगा।"

इस आकस्मिक आक्रमण से लक्ष्मण किंकर्तव्यविमूढ़ हो गये, परन्तु रामचन्द्र ने बड़ी फुर्ती से उस राक्षस की दाहिनी भुजा काट डाली। लक्ष्मण ने भी क्रोधित होकर उसकी बाँयी भुजा को काट दिया। वह चीत्कार करता हुआ पृथ्वी पर गिर पड़ा।

पृथ्वी पर गिर कर उसने पूछा, "वीरों! आप दोनों कौन हैं?"

उसके इस प्रकार पूछने पर लक्ष्मण ने उसे दोनों भाइयों का परिचय दिया।

उनका परिचय सुनकर कबन्ध ने राम से कहा, "महाबाहु राम! पूर्वकाल में मैं अत्यन्त पराक्रमी था किन्तु पराक्रमी होते हुए भी राक्षस

रूप धारण कर ऋषियों को डराया करता था। एक बार क्रोधित होकर स्थूलशिरा नामक महर्षि ने मुझे राक्षस हो जाने का शाप दे दिया। शापमुक्ति के लिये मेरे द्वारा प्रार्थना करने पर उन्होंने बताया कि जब राम तुम्हारी भुजाओं को काट देगा तो तुम्हारी मुक्ति हो जायेगी। हे पुरुष श्रेष्ठ! आपने राक्षस योनि से मुझे मुक्ति दिला कर मेरा बड़ा उपकार किया है। अब आप मुझ पर इतनी कृपा और करना कि अपने हाथों से मेरा दाह-संस्कार कर देना।"

कबन्ध की प्रार्थना सुन कर राम बोले, "हे राक्षसराज! मैं तुम्हारी इच्छा अवश्य पूरी करूँगा। मैं तुमसे कुछ सूचना प्राप्त करना चाहता हूँ। आशा है अवश्य दोगे। दण्डक वन से मेरी अनुपस्थिति में लंकापति रावण मेरी पत्नी का अपहरण कर के ले गया है। मैं उसके बल, पराक्रम, स्थान आदि के विषय में तुमसे पूरी जानकारी चाहता हूँ। यदि जानते हो तो बताओ।"

राम का प्रश्न सुन कर कबन्ध बोला, "हे रघुनन्दन! रावण बड़ा बलवान और शक्तिशाली नरेश है। उससे देव-दानव सभी भयभीत रहते हैं। उस पर विजय प्राप्त करने के लिये आपको नीति का सहारा लेना होगा। आप यहाँ से पम्पा सरोवर चले जाइये। वहाँ ऋष्यमूक पर्वत पर वानरों का राजा सुग्रीव अपने चार वीर वानरों के साथ निवास करता है। वह अत्यन्त वीर, पराक्रमी, तेजस्वी, बुद्धिमान, धीर और नीतिनिपुण है। उसके पास एक विशाल पराक्रमी सेना भी है जिसकी सहायता से आप रावण पर विजय प्राप्त कर सकते हैं। उसके ज्येष्ठ भ्राता बालि ने उसके राज्य और उसकी पत्नी का अपहरण कर लिया है। यदि आप उसे मित्र बना सकें तो आपका कार्य सिद्ध हो जायेगा। वह राक्षसों के सब स्थानों को जानता और उनकी मायावी चालों को भी समझता है। उसे भी इस समय एक सच्चे पराक्रमी मित्र की आवश्यकता है। आपका मित्र बन जाने पर वह अपने वानरों को भेज कर सीता की खोज करा देगा। साथ ही सीता को वापस दिलाने में भी आपकी सहायता करेगा।"

इतना कह कर कबन्ध ने अपने प्राण त्याग दिये। रामचन्द्र उसका अन्तिम संस्कार कर के लक्ष्मण सहित पम्पासर की ओर चले। पम्पासर के निकट उन्होंने एक सुन्दर सरोवर देखा जिसमें दोनों भाइयों ने स्नान

किया।

4

पम्पासर में राम हनुमान भेंट

कमल, उत्पल तथा मत्स्यों से परिपूर्ण पम्पा सरोवर के पास पहुँचने पर वहाँ के रमणीय दृश्यों को देख कर राम को फिर सीता का स्मरण हो आया और वे पुनः विलाप करने लगे।

उन्होंने लक्ष्मण से कहा, "हे सौमित्र! इस पम्पा सरोवर का जल वैदूर्यमणि के समान स्वच्छ एव श्याम है। इसमें खिले हुये कमल पुष्प और क्रीड़ा करते हुये जल पक्षी कैसे सुशोभित हो रहे हैं! चैत्र माह ने वृक्षों को पल्लवित कर फूलों और फलों से समृद्ध कर दिया है। चारों ओर मनोहर सुगन्ध बिखर रही है। यदि आज सीता भी अपने साथ होती तो इस दृश्य को देख कर उसका हृदय कितना प्रफुल्लित होता। ऐसा प्रतीत होता है कि वसन्तरूपी अग्नि मुझे जलाकर भस्म कर देगी। हा सीते! तुम न जाने किस दशा में रो-रो कर अपना समय बिता रही होगी। मैं कितना अभागा हूँ कि तुम्हें अपने साथ वन में ले आया, परन्तु तुम्हारी रक्षा न कर सका। हा! पर्वत-शिखरों पर नृत्य करते हुये मोरों के साथ

कामातुर हुई मोरनियाँ कैसा नृत्य कर रहीं हैं। हे लक्ष्मण! जिस स्थान पर सीता होगी, यदि वहाँ भी इसी प्रकार वसन्त खिला होगा तो वह उसके विरह-विदग्ध हृदय को कितनी पीड़ा पहुँचा रहा होगा। वह अवश्य ही मेरे वियोग में रो-रो कर अपने प्राण दे रही होगी। मैं जानता हूँ, वह मेरे बिना पानी से बाहर निकली हुई मछली की भाँति तड़प रही होगी। उसकी वही दशा हो रही होगी जो आज मेरी हो रही है, अपितु मुझसे अधिक ही होगी क्योंकि स्त्रियाँ पुरुषों से अधिक भावुक और कोमल होती हैं। यह सम्पूर्ण दृश्य इतना मनोरम है कि यदि सीता मेरे साथ होती तो इस स्थान को छोड़ कर मैं कभी अयोध्या न जाता। सदैव उसके साथ यहीं रमण करता। किन्तु यह तो मेरा स्वप्नमात्र है। आज तो यह अभागा प्यारी सीता के वियोग में वनों में मारा-मारा फिर रहा है। जिस सीता ने मेरे लिये महलों के सुखों का परित्याग किया, मैं उसीकी वन में रक्षा नहीं कर सका। मैं कैसे यह जीवन धारण करूँ? मैं अयोध्या जा कर किसी को क्या बताऊँगा? माता कौसल्या को क्या उत्तर दूँगा? मुझे कुछ सुझाई नहीं देता। मैं इस विपत्ति के पहाड़ के नीचे दबा जा रहा हूँ। मुझे इस विपत्ति से छुटकारे का कोई उपाय नहीं सूझ रहा है। मैं यहीं पम्पासर में डूब कर अपने प्राण दे दूँगा। भाई लक्ष्मण! तुम अभी अयोध्या लौट जाओ। मैं अब जनकनन्दिनी सीता के बिना जीवित नहीं रह सकता।"

बड़े भाई की यह दशा देख कर लक्ष्मण बोले, "हे पुरुषोत्तम राम! आप शोक न करें। हे तात रघुनन्दन! आप यदि रावण पाताल में या उससे भी अधिक दूर चला जाये तो भी वह अब किसी भी तरह से जीवित नहीं रह सकता। आप पहले उस पापी राक्षस का पता लगाइये। फिर वह सीता को वापस करेगा या अपने प्राणों से हाथ धो बैठेगा। आप तो अत्यन्त धैर्यवान पुरुष हैं। आपको ऐसी विपत्ति में सदैव धैर्य रखना चाहिये। हम लोग अपने धैर्य, उत्साह और पुरुषार्थ के बल पर ही रावण को परास्त कर के सीता को मुक्त करा सकेंगे। आप धैर्य धारण करें।"

लक्ष्मण के इस प्रकार से समझाने पर अत्यन्त सन्तप्त राम ने शोक और मोह का परित्याग कर के धैर्य धारण किया। वे पम्पा सरोवर को लाँघ कर आगे बढ़े।

चलते-चलते जब वे ऋष्यमूक पर्वत के निकट पहुँचे तो अपने साथियों के साथ उस पर्वत पर विचरण करने वाले बलवान वानरराज सुग्रीव ने इन दोनों तेजस्वी युवकों को देखा।

इन्हें देख कर सुग्रीव के मन में शंका हुई और उन्होंने अपने मन्त्रियों से कहा, "निश्चय ही वालि ने इन दोनों धनुर्धारी वीरों को छद्मवेश में भेजा है।"

भयभीत होकर सुग्रीव अपने मन्त्रियों के साथ ऋष्यमूक पर्वत के शिखर चले गये।

सुग्रीव को इस प्रकार चिन्तित देख कर वाक्पटु हनुमान बोले, "हे वानराधिपते! वालि तो शापवश यहाँ आ ही नहीं सकता, आप सहसा ऐसे चिन्तित क्यों हो रहे हैं?"

हनुमान के प्रश्न को सुन कर सुग्रीव बोले, "मुझे ऐसा प्रतीत होता है कि ये दोनों पुरुष वालि के भेजे हुये गुप्तचर हैं और तपस्वियों का भेष धारण कर के हमारी खोज में आये हैं। हमें इनकी ओर से निश्चिन्त नहीं होना चाहिये। हनुमान! तुम वेष बदल कर इनके पास जाओ और इनका सम्पूर्ण भेद ज्ञात करो। यदि मेरा सन्देह ठीक हो तो शीघ्र इस विषय में कुछ करना।"

सुग्रीव का निर्देश पा कर हनुमान भिक्षु का भेष धारण कर राम-लक्ष्मण के पास पहुँचे। उन दोनों को प्रणाम करके वे अत्यन्त विनीत एवं मृदु वाणी में बोले, "हे वीरों! आप दोनों सत्यपराक्रमी एवं देवताओं के समान प्रभावशाली जान पड़ते हैं। आप लोग इस वन्य प्रदेश में किसलिये आये हैं? आपके अंगों की कान्ति सुवर्ण के समान प्रकाशित हो रही है। आपकी विशाल भुजाओं और वीर वेश को देख कर ऐसा प्रतीत होता है कि आप इन्द्र को भी परास्त करने की क्षमता रखते हैं, परन्तु फिर भी आपका मुखमण्डल कुम्हलाया हुआ है और आप ठण्डी साँसे भर रहे हैं। इसका क्या कारण है? कृपया आप अपना परिचय दीजिये। आप इस प्रकार मौन क्यों हैं? यहाँ पर्वत पर वानरश्रेष्ठ सुग्रीव रहते हैं। उनके भाई वालि ने उन्हें घर से निकाल दिया है। वानरशिरोमणि सुग्रीव आप दोनों से मित्रता करना चाहते हैं। उन्हीं की आज्ञा से मैं आपका परिचय प्राप्त करने के लिये यहाँ आया हूँ। मैं वायुदेवता का पुत्र हूँ और मेरा

नाम हनुमान है। मैं भी वानर जाति का हूँ। अब आप कृपया अपना परिचय दीजिये। मैं सुग्रीव का मन्त्री हूँ और इच्छानुकूल वेष बदलने की क्षमता रखता हूँ। मैंने आपको सब कुछ बता दिया है। आशा है आप भी अपना परिचय दे कर मुझे कृतार्थ करेंगे और वन में पधारने का कारण बतायेंगे।"

हनुमान की चतुराई भरी स्पष्ट बातों को सुन कर राम ने लक्ष्मण से कहा, "हे सौमित्र! इनकी बातों से मुझे पूर्ण विश्वास हो गया है कि ये महामनस्वी वानरराज सुग्रीव के सचिव हैं और उन्हीं के हित के लिये यहाँ आये हैं। इसलिये तुम निर्भय हो कर इन्हें सब कुछ बता दो।"

राम की आज्ञा पा कर लक्ष्मण हनुमान से बोले, "हे वानरश्रेष्ठ! सुग्रीव के गुणों से हम परिचित हो चुके हैं। हम उन्हें ही खोजते हुये यहाँ तक आये हैं। आप सुग्रीव के कथनानुसार जब मैत्री की बात चला रहे हैं वह हमें स्वीकार है। हम अयोध्यापति महाराज दशरथ के पुत्र हैं। ये श्री रामचन्द्र जी उनके ज्येष्ठ पुत्र और मैं इनका छोटा भाई लक्ष्मण हूँ। चौदह वर्ष का वनवास पाकर ये वन में रहने के लिये अपनी धर्मपत्नी सीता और मेरे साथ आये थे। रावण ने सीता जी का हरण कर लिया है। इसी विचार से कि सम्भवतः वे हमारी सहायता कर सकें, हम लोग महाराज सुग्रीव के पास आये हैं। हे वानरराज! जिस चक्रवर्ती सम्राट दशरथ के चरणों में सम्पूर्ण भूमण्डल के राजा-महाराजा सिर झुकाते थे और उनके शरणागत होते थे, उन्हीं महाराज के ज्येष्ठ पुत्र आज समय के फेर से सुग्रीव की शरण में आये हैं। ताकि महाराज सुग्रीव अपने दलबल सहित इनकी सहायता करें।"

इतना कहते हुये लक्ष्मण का कण्ठ अवरुद्ध हो गया।

लक्ष्मण के वचन सुन कर हनुमान बोले, "हे लक्ष्मण! आप लोगो के आगमन से आज हमारा देश पवित्र हुआ। हम लोग आपके दर्शनों से कृतार्थ हुये। जिस प्रकार आप लोग विपत्ति में हैं, उसी प्रकार सुग्रीव पर भी विपत्ति की घटाएँ छाई हुई हैं। वालि ने उनकी पत्नी का हरण कर लिया है तथा उन्हें राज्य से निकाल दिया है। इसीलिये वे इस पर्वत पर निर्जन स्थान में निवास करते हैं। फिर भी मैं आपको विश्वास दिलाता हूँ कि वे सब प्रकार से आपकी सहायता करेंगे।" इतना कह कर हनुमान बड़े आदर

से रामचन्द्र और लक्ष्मण को सुग्रीव के पास ले गये।

से रामचन्द्र और लक्ष्मण को सुग्रीव के पास ले गये।

5

राम-सुग्रीव मैत्री

- राम-सुग्रीव मैत्री

हनुमान अपने साथ राम और लक्ष्मण को लेकर किष्किन्धा पर्वत के मलय शिखर पर, जहाँ पर कि सुग्रीव अपने अन्य मन्त्रियों के साथ बैठे थे, ले गये। सुग्रीव से दोनों भाइयों का परिचय कराते हुये हनुमान ने कहा, "हे महाप्राज्ञ! अयोध्या के महाराज दशरथ के ज्येष्ठ पुत्र महापराक्रमी श्री रामचन्द्र जी अपने अनुज लक्ष्मण जी के साथ यहाँ पधारे हैं। इनके पंचवटी में निवासकाल में इनकी पत्नी सीता जी को लंका का राजा रावण चुरा ले गया। उन्हीं की खोज के लिये ये आपकी सहायता चाहते हैं। ये आपसे मित्रता करने की इच्छा रखते हैं। आपको इनकी मित्रता स्वीकार कर इनका यथोचित सत्कार करना चाहिये क्योंकि ये बड़े गुणवान, पराक्रमी और धर्मात्मा हैं। ये दोनों हमारे लिये परम पूजनीय हैं।"

राम और लक्ष्मण का परिचय पाकर प्रसन्नचित सुग्रीव बोले, "हे प्रभो! आप धर्मज्ञ, परम तपस्वी और सब पर दया करने वाले हैं। आप नर होकर भी मुझ वानर से मित्रता कर रहे हैं यह मेरा परम सौभाग्य है। आपकी मित्रता से मुझे ही उत्तम लाभ होगा। मेरा हाथ आपकी मैत्री के लिये फैला हुआ है, आप इसे अपने हाथ में लेकर परस्पर मैत्री का अटूट सम्बन्ध बना दें।"

सुग्रीव के वचन सुन कर राम ने अत्यन्त प्रसन्न होकर सुग्रीव के हाथ को अपने हाथ में लिया फिर प्रेमपूर्वक सुग्रीव को छाती से लगा लिया।

हनुमान ने भिक्षुरूप त्याग कर अग्नि प्रज्वलित की। राम और सुग्रीव ने अग्नि की प्रदक्षिणा कर मैत्री की शपथ ली और दोनों एक दूसरे के मित्र बन गये।

इसके पश्चात् राम और सुग्रीव अपने-अपने आसनों पर बैठ कर परस्पर वार्तालाप करने लगे। सुग्रीव ने कहा, "हे राम! मेरे ज्येष्ठ भ्राता वालि ने मुझे घर से निकाल कर मेरी पत्नी का अपहरण कर लिया है और मेरा राज्य भी मुझसे छीन लिया है। वह अत्यधिक शक्तिशाली है। मैं उससे भयभीत हो कर ऋष्यमूक पर्वत के इस मलयगिरि प्रखण्ड में निवास कर रहा हूँ। आप अत्यन्त पराक्रमी और तेजस्वी हैं। आप मुझे अभय दान देकर वालि के भय से मुक्त करें।"

सुग्रीव के दीन वचन सुन कर राम बोले, "हे सुग्रीव! मित्र तो उपकाररूप फल देने वाला होता है, मैं अपने तीक्ष्ण बाणों से तुम्हारी पत्नी के हरण करने वाले वालि का वध कर दूँगा। अब तुम उसे मरा हुआ ही समझो।"

सुग्रीव ने प्रसन्नतापूर्वक कहा, "हे राम! मेरे मन्त्रियों में श्रेष्ठ सचिव हनुमान मुझे आपकी विपत्ति की सम्पूर्ण कथा बता चुके हैं। आपकी पत्नी सीता आकाश या पाताल में कहीं भी हो, मैं अवश्य उनका पता लगवाऊँगा। रावण तो क्या, इन्द्र आदि देवता भी सीता को मेरे वानरों की दृष्टि से छिपा कर नहीं रख सकते। राघव! कुछ ही दिनों पूर्व एक राक्षस एक स्त्री को लिये जा रहा था। उस समय हम इसी पर्वत पर बैठे थे। तब हमने उस स्त्री के मुख से 'हा राम! हा लक्ष्मण!' शब्द सुने थे। मेरा अनुमान है कि वह सीता ही थी। उसे मैं भली-भाँति देख नहीं पाया। हमें बैठे देख कर उसने कुछ वस्त्राभूषण नीचे फेंके थे। वे हमारे पास सुरक्षित रखे हैं। आप उन्हें पहचान कर देखिये, क्या वे सीता जी के ही है।"

यह कह कर सुग्रीव ने एक वानर को वस्त्राभूषणों को लाने की आज्ञा दी। उन वस्त्राभूषणों को देखते ही राम का धीरज जाता रहा। वे नेत्रों से अश्रु बहाते हुये शोकविह्वल हो गये और धैर्य छोड़ कर पृथ्वी पर गिर पड़े।

चेतना लौटने पर वे लक्ष्मण से बोले, "हे लक्ष्मण! सीता के इन आभूषणों को पहचानो। राक्षस के द्वारा हरे जाने पर सीता ने इन आभूषणों पृथ्वी पर गिरा दिया होगा।"

लक्ष्मण ने कहा, "भैया! इन आभूषणों में से न तो मैं हाथों के कंकणों को पहचानता हूँ, न गले के हार को और न ही मस्तक के किसी अन्य आभूषणों को पहचानता हूँ। क्योंकि मैंने आज तक सीता जी के हाथों और मुख की ओर कभी दृष्टि नहीं डाली। हाँ, उनके चरणों की नित्य वन्दना करता रहा हूँ इसलिये इन नूपुरों को अवश्य पहचानता हूँ, ये वास्तव में उन्हीं के हैं।"

6

राम-सुग्रीव वार्तालाप

* राम-सुग्रीव वार्तालाप

राम ने सुग्रीव से कहा, "हे सुग्रीव! मुझे बताओ कि वह भयंकर रूपधारी राक्षस मेरी प्राणेश्वरी सीता को लेकर किस दिशा में गया है? तुम शीघ्र पता लगाओं कि वह राक्षस कहाँ रहता है? वानरराज! धोखे में डालकर और मेरा अपमान करके मेरी प्रियतमा को अपहरण करने वाला वह निशाचर मेरा घोर शत्रु है। मैं आज ही उसका वध कर के सीता को मुक्त कराऊँगा।"

राम के शोक से पीड़ित वचन को सुन कर सुग्रीव ने उन्हें आश्वासन दिया, "हे राम! मैं नीचकुल में उत्पन्न उस पापात्मा राक्षस की शक्ति और गुप्त स्थान से परिचित नहीं हूँ किन्तु मैं आपको विश्वास दिलाता हूँ कि मैं शीघ्र ही ऐसा यत्न करूँगा कि मिथिलेशकुमारी सीता आपको मिल जायें। अतः आप धैर्य धारण करें। इस प्रकार से व्याकुल होना व्यर्थ है। व्याकुल होने पर मनुष्य की बुद्धि गम्भीर नहीं रह पाती। आपको इस प्रकार से अधीर होना शोभा नहीं देता। मुझे भी पत्नी के विरह का महान कष्ट प्राप्त हुआ है तथापि मैं पत्नी के लिये निरन्तर शोक नहीं करता। जब मैं वानर होकर धैर्य धारण कर सकता हूँ तो आप तो नर हैं, महात्मा हैं, सुशिक्षित हैं, आप मुझसे भी अधिक धैर्य धारण कर सकते

हैं। मैं आपको उपदेश नहीं दे रहा हूँ, सिर्फ मित्रता के नाते आपके हित में सलाह दे रहा हूँ।"

सुग्रीव की बात सुन कर राम नेत्रों से अश्रु पोंछ कर बोले, "हे वानरेश! तुमने वही किया है जो एक स्नेही और हितैषी मित्र को करना चाहिये। तुम्हारा कार्य सर्वथा उचित है। सखे! तुम्हारे इस आश्वासन ने मेरी चिन्ता को दूर करके मुझे स्वस्थ बना दिया है। तुम जैसे स्नेही मित्र बहुत कम मिलते हैं। तुम सीता का पता लगाने में मेरी सहायता करो और मैं तुम्हारे सामने ही दुष्ट वालि का वध करूँगा। उसके विषय में तुम मुझे सारी बातें बताओ। विश्वास करो, वालि मेरे हाथों से नहीं बच सकता।"

राम की प्रतिज्ञा से सन्तुष्ट हो कर सुग्रीव बोले, "हे रघुकुलमणि! वालि ने मेरा राज्य और मेरी प्यारी पत्नी मुझसे छीन ली है। अब वह दिन रात मुझे मारने का उपाय सोचा करता है। उसके भय के कारण ही मैं इस पर्वत पर निवास करता हूँ। उससे ही भयभीत होकर मेरे सब साथी एक एक-करके मेरा साथ छोड़ गये हैं। अब ये केवल चार मित्र मेरे साथ रह गये हैं। वालि अत्यन्त बलवान है। उसके भय से मेरे प्राण सूख रहे हैं। बह इतना बलवान है कि उसने दुंदुभि नामक बलिष्ठ राक्षस को देखते देखते मार डाला। जब वह साल के वृक्ष को अपनी भुजाओं में भर कर झकझोरता है तो उसके सारे पत्ते झड़ जाते हैं। उसके असाधारण बल को देख कर मुझे संशय होता है कि आप उसे मार पायेंगे।"

सुग्रीव की आशंका को सुन कर लक्ष्मण ने मुस्कुराते हुये कहा, "हे सुग्रीव! तुम्हें इस बात का विश्वास कैसे होगा कि श्री रामचन्द्र जी वालि को मार सकेंगे?"

यह सुन कर सुग्रीव बोला, " सामने जो साल के सात वृक्ष खड़े हैं उन सातों को एक-एक करके वालि ने बींधा है, यदि राम इनमें से एक को भी बींध दें तो मुझे आशा बँध जायेगी। ऐसी बात नहीं है कि मुझे राम की शक्ति पर पूर्ण विश्वास नहीं है किन्तु मैं केवल वालि से भयभीत होने के कारण ही ऐसा कह रहा हूँ।"

सुग्रीव के ऐसा कहने पर राम ने धनुष पर प्रत्यंचा चढ़ाई और बाण छोड़ दिया, जिसने भीषण टंकार करते हुये एक साथ सातों साल वृक्षों को और पर्वत शिखर को भी बींध डाला।

राम के इस पराक्रम को देख कर सुग्रीव विस्मित रह गया और उनकी भूरि-भूरि प्रशंसा करते हुए बोला, "प्रभो! वालि को मार कर आप मुझे अवश्य ही निश्चिन्त कर दे।"

7

वालि-वध

- वालि-वध

तदन्तर वे सब लोग वालि की राजधानी किष्किन्धापुरी में गये। वहाँ पहुँच कर राम एक गहन वन में ठहर गये और सुग्रीव से कहा, "तुम वालि को युद्ध के लिये ललकारो और निर्भय हो कर युद्ध करो।"

राम के वचनों से उत्साहित हो कर सुग्रीव ने वालि को युद्ध करने के लिये ललकारा। सुग्रीव के इस सिंहनाद को सुन कर वालि को अत्यन्त क्रोध आया। क्रोधित वालि आँधी के वेग से बाहर आया और सुग्रीव पर टूट पड़ा। वालि और सुग्रीव में भयंकर युद्ध छिड़ गया। उन्मत्त हुये दोनों भाई एक दूसरे पर घूंसों और लातों से प्रहार करने लगे। श्री रामचन्द्र जी ने वालि को मारने कि लिये अपना धनुष सँभाला परन्तु दोनों का आकार एवं आकृति एक समान होने के कारण वे सुग्रीव और वालि में भेद न कर सके। इसलिये उन्होंने बाण छोड़ना स्थगित कर दिया। वालि की मार न सह सकने के कारण सुग्रीव ऋष्यमूक पर्वत की ओर भागा। राम लक्ष्मण तथा अन्य वानरों के साथ सुग्रीव के पास पहुँचे। राम को सम्मुख पा कर उसने उलाहना देते हुये कहा, "मुझे युद्ध के लिये भेज कर आप पिटने का तमाशा देखते रहे। बताइये आपने ऐसा क्यों किया? यदि आपको मेरी सहायता नहीं करनी थी तो मुझसे पहले ही स्पष्ट कह देना चाहिये था

कि मैं वालि को नहीं मारूँगा, मैं उसके पास जाता ही नहीं।"

सुग्रीव के क्रुद्ध शब्द सुन कर रामचन्द्र ने बड़ी नम्रता से कहा, "सुग्रीव! क्रोध त्यागो और मेरी बात सुनो। तुम दोनों भाई रंग-रूप, आकार, गति और आकृतियों में एक समान हो अतः मैं तुम दोनों में अन्तर नहीं कर सका और मैंने बाण नहीं छोड़ा। यदि मेरा बाण वालि को लगने के स्थान पर तुम्हें लग जाता तो मैं जीवन भर किसी को मुख दिखाने लायक नहीं रहता। वानरेश्वर! अपनी पहचान के लिये तुम कोई चिह्न धारण कर लो जिससे मैं तुम्हें पहचान लूँ और फिर से युद्ध के लिये जाओ।"

इतना कहकर वे लक्ष्मण से बोले, "हे लक्ष्मण! यह उत्तम लक्षणों से युक्त गजपुष्पी लता फूल रहे है। इसे उखाड़ कर महामना सुग्रीव के गले में पहना दो।"

लक्ष्मण ने वैसा ही किया और सुग्रीव फिर से युद्ध करने चला।

इस बार सुग्रीव ने दूने उत्साह से सिंहनाद करते हुये घोर गर्जना की जिसे सुन कर वालि आँधी के वेग से बाहर की ओर दौड़ने को उद्यत हुआ। किन्तु उसकी पत्नी तारा ने भयभीत होकर वालि को रोकते हुये कहा, "हे वीरश्रेष्ठ! अभी आप का युद्ध के लिये जाना श्रेयस्कर नहीं है। सुग्रीव एक बार मार खा कर भाग जाने के पश्चात् फिर युद्ध करने के लिये लौटा है। इससे मेरे मन में शंका उत्पन्न हो रही है। ऐसा प्रतीत होता है कि उसे कोई प्रबल सहायक मिल गया है और वह उसीके बल पर आपको ललकार रहा है। मुझे कुमार अंगद से सूचना मिल चुकी है कि अयोध्या के अजेय राजकुमारों राम और लक्ष्मण के साथ उसकी मैत्री हो गई है। सम्भव है वे ही उसकी सहायता कर रहे हों। राम के पराक्रम के विषय में तो मैंने भी सुना है। वे शत्रुओं को देखते-देखते धराशायी कर देते हैं। यदि वे स्वयं सुग्रीव की सहायता कर रहे हैं तो उनसे लड़ कर आपका जीवित रहना कठिन है। इसलिये उचित यही है कि इस अवसर पर आप बैर छोड़ कर सुग्रीव से मित्रता कर लीजिये। उसे युवराज पद दे दीजिये। वह आपका छोटा भाई है और इस संसार में भाई के समान हितू कोई दूसरा नहीं होता। उससे इस समय मैत्री करने में ही आपका कल्याण है।"

तारा के इस प्रकार समझाने वालि ने कहा, "वरानने! मैं सुग्रीव की ललकार को सुन कर कायरों की भाँति घर में छिप कर नहीं बैठ सकता और न ललकारने वाले से भयभीत हो कर उसके सम्मुख मैत्री का हाथ ही बढ़ा सकता हूँ। श्री रामचन्द्र जी के विषय में मैं भी जानता हूँ। वे धर्मात्मा हैं और कर्तव्याकर्तव्य को समझने वाले हैं। वे पापकर्म नहीं कर सकते। तुमने मेरे प्रति अपने स्नेह एवं भक्ति का प्रदर्शन कर दिया। अब मुझे मत रोको। मैं सुग्रीव का सामना अवश्य करूँगा और उसके घमण्ड को चूर चूर कर डालूँगा। युद्ध में मैं उससे विजय प्राप्त करूँगा मगर उसके प्राण नहीं लूँगा।"

यह कह कर वालि सुग्रीव के पास पहुँच कर उससे युद्ध करने लगा। दोनों एक दूसरे पर घूंसों और लातों से प्रहार करने लगे। जब राम ने देखा कि सुग्रीव की शक्ति क्षीण होते जा रही है तो उन्होंने एक विषधर सर्प की भाँति बाण को धनुष पर चढ़ा कर वालि को लक्ष्य करके छोड़ दिया। टंकारध्वनि के साथ वह बाण वालि के वक्ष में जाकर लगा जिससे वह बेसुध हो कर पृथ्वी पर गिर पड़ा।

8

वालि-राम संवाद

• वालि-राम संवाद

वालि को पृथ्वी पर गिरते देख राम और लक्ष्मण उसके पास जा कर खड़े हो गये। जब वालि की चेतना लौटी और उसने दोनों भाइयों को अपने सम्मुख खड़े देखा तो वह कठोर शब्दों में बोला, "हे रघुनन्दन! आपने छिप कर जो मुझ पर आक्रमण किया, उससे आपने कौन सा गुण प्राप्त कर लिया? किस महान यश का उपार्जन कर लिया? यद्यपि तारा ने सुग्रीव की और आपकी मैत्री के विषय में मुझे बताया था, परन्तु मैंने आपकी वीरता, शौर्य, पराक्रम, धर्मपरायणता, न्यायशीलता आदि गुणों को ध्यान में रखते हुये उसकी बात नहीं मानी थी और कहा था कि न्यायशील राम कभी अन्याय नहीं करेंगे। आज मुझे ज्ञात हुआ कि आपकी मति मारी गई है। आप दिखावे के लिये धर्म का चोला पहने हुए हैं, वास्तव में आप अधर्मी हैं। आप साधु पुरुष के वेष में एक पापी हैं। मेरा तो आपके साथ कोई बैर भी नहीं है। फिर आपने यह क्षत्रियों को लजाने वाला कार्य क्यों किया? आप नरेश हैं। राजा के गुण साम, दाम, दण्ड, भेद, दान, क्षमा, सत्य, धैर्य और विक्रम होते हैं। कोई राजा किसी निरपराध को दण्ड नहीं देता। फिर आपने मेरा वध क्यों किया है? हे राजकुमार! यदि आपने मेरे समक्ष आकर मुझसे युद्ध किया होता तो

आप अवश्य ही मेरे हाथों मारे गये होते। जिस उद्देश्य के लिये आप सुग्रीव की सहायता कर रहे हैं उसी उद्देश्य को यदि आपने मुझसे कहा होता तो मैं एक ही दिन में मिथिलेश कुमारी को ढूँढ कर आपके पास ला देता। आपकी पत्नी का अपहरण करने वाले दुरात्मा राक्षस रावण के गले में रस्सी बाँध कर आपके समक्ष प्रस्तुत कर देता। आपने अधर्मपूर्वक मेरा वध क्यों किया?"

वालि के कठोर वचनों को सुन कर रामचन्द्र ने कहा, "वानर! धर्म, अर्थ, काम और लौकिक सदाचार के विषय तुम्हें ज्ञान ही नहीं है। तुम अपने वानरोचित चपलतावश तुम व्यर्थ ही मुझ पर क्रोधित हो रहे हो। मैंने तुम्हारा वध अकारण या व्यक्तिगत बैरभाव के कारण से नहीं किया है। सौम्य! पर्वतों, वनों और काननों से युक्त सम्पूर्ण भू-मण्डल इक्ष्वाकु वंश के राजाओं की है। इस समय धर्मात्मा राजा भरत इस पृथ्वी का पालन कर रहे हैं। उनकी आज्ञा से हम सम्पूर्ण पृथ्वी में विचरण करते हुए धर्म के प्रचार के लिये साधुओं की रक्षा तथा दुष्टों का दमन कर रहे हैं। तुमने अपने जीवन में काम को ही प्रधानता दिया और राजोचित मार्ग पर स्थिर नहीं रहे। छोटा भाई, पुत्र और शिष्य तीनों पुत्र-तुल्य होते हैं। तुमने इस धर्माचरण को त्याग कर अपने छोटे भाई सुग्रीव की पत्नी रुमा का हरण किया जो धर्मानुसार तुम्हारी पुत्रवधू हुई। उत्तम कुल में उत्पन्न क्षत्रिय और राजा का प्रतिनिधि होने के कारण तुम्हारे इस महापाप का दण्ड देना मेरा कर्तव्य था। जो पुरुष अपनी कन्या, बहन अथवा अनुजवधू के पास कामबुद्धि से जाता है, उसका वध करना ही उसके लिये उपयुक्त दण्ड माना गया है। इसीलिये मैंने तुम्हारा वध किया। वानरश्रेष्ठ! अपने इस कार्य के लिये मेरे मन में किसी प्रकार संताप नहीं है। मैंने तुम्हें तुम्हारे पिछले पापों का दण्ड दे कर आगे के लिये तुम्हें निष्पाप कर दिया है। अब तुम निष्पाप हो कर स्वर्ग जाओगे।"

राम का तर्क सुन वालि ने हाथ जोड़कर कहा, "हे राघव! आपका कथन सत्य है। मुझे अपनी मृत्यु पर दुःख नहीं है। मेरा पुत्र अंगद मुझे अत्यन्त प्रिय है और मुझे केवल उसी की चिन्ता है। वह अभी बालक है। उसकी बुद्धि अभी परिपक्व नहीं हुई है। उसे मैं आपकी शरण में सौंपता हूँ। आप इसे सुग्रीव की भाँति ही अभय दें, यही आपसे मेरी प्रार्थना है।"

इतना कह कर वालि चुप हो गया और उसके प्राण पखेरू उड़ गये।

9

तारा का विलाप

- तारा का विलाप

जब तारा को वालि की मृत्यु का समाचार मिला तो वह अत्यन्त उद्विग्न हो गई और रोती हुई उस स्थान पर आई जहाँ वालि का शव पड़ा था। तारा और अंगद वालि के शव से लिपट कर बिलख-बिलख कर रोने लगे। उन दोनों दोनों को इस प्रकार रोते देख सुग्रीव को अत्यन्त दुःख हुआ। उसके नेत्रों से अश्रु बहने लगे।

तारा वालि से लिपट कर विलाप कर रही थी, "हे आर्यपुत्र! आप जैसे पराक्रमी वीर की राम ने छिप कर हत्या कर के अत्यन्त निंदनीय कर्म किया है। हे नाथ! आप मौन हो कर क्यों पड़े हैं? आप अपने पुत्र अंगद को किसके सहारे छोड़ गये? देखिये वह किस प्रकार से बिलख-बिलख कर रो रहा है। हे आर्यपुत्र! आज आप ऐसे निर्मोही कैसे हो गये? हे स्वामी! आप मुझे और अंगद को किसके भरोसे छोड़े जा रहे हैं? सुग्रीव! आज तुम्हारा मनोरथ सफल हो गया। अब आनन्द से राज्य का सुख भोगो। आज मेरे पास पुत्र, ऐश्वर्य सब कुछ होते हुये भी मैं विधवा के नाम से पुकारी जाकर संसार में तिरस्कृत जीवन व्यतीत करूँगी। पुत्र अंगद! अपने धर्मप्रेमी पिता का अन्तिम दर्शन कर लो। यमलोक को जाते हुये अपने पिता का हाथ जोड़ कर अभिवादन करो। देखो स्वामी! आपका पुत्र हाथ जोड़ कर

आपके सामने खड़ा है। उसे आशीर्वाद क्यों नहीं देते? आज आपने इस युद्धरूपी यज्ञ में मेरे बिना कैसे भाग लिया। बिना अर्द्धांगिनी के तो कोई यज्ञ पूरा नहीं होता।"

इस प्रकार तारा नाना प्रकार से से विलाप करने लगी। वालि के वानर सरदारों ने बड़ी कठिनाई से उसे शव से अलग किया।

धनुष धारण किये राम को देख कर तारा उनके पास आकर बोली, "हे अमलकमलदललोचन राम! आप वीर, तेजस्वी, धर्मात्मा और महान दानवीर हैं। मैं आपसे एक दान माँगती हूँ। जिस बाण से आपने मेरे पति के प्राण लिये हैं उसी बाण से मेरे प्राण भी हर लीजिये ताकि मैं मर कर अपने पति के पास पहुँच जाऊँ। मेरे पतिदेव स्वर्ग में मेरी प्रतीक्षा कर रहे होंगे।"

तारा के मर्मस्पर्शी शब्दों को सुन कर रामचन्द्र बोले, "तारा! तेरा इस प्रकार शोक और विलाप करना व्यर्थ है। सारा संसार परमात्मा के द्वारा बनाये गये विधान के अनुसार चलता है। विधाता की ऐसी ही इच्छा थी, यह सोच कर तुम धैर्य धारण करो। अंगद की कोई चिन्ता मत करो। वह आज से इस राज्य का युवराज होगा। तुम्हारा पति वीर था, वह युद्ध करते हुये वीरगति को प्राप्त हुआ है; यह तुम्हारे लिये गौरव की बात है। शोक तज कर रोना बन्द करो। रोने से दिवंगत आत्मा को कष्ट पहुँचता है।"

इस प्रकार राम ने तारा को अनेक प्रकार से धैर्य बँधाया। फिर वे सुग्रीव से बोले, "हे वीर! तारा और अंगद को साथ ले जा कर अब तुम वालि के अन्तिम संस्कार की तैयारी करो। अंगद! तुम इस संस्कार के लिये घृत, चन्दन आदि ले आओ। और हे तारा! तुम भी शोक को त्याग कर वालि के लिये अर्थी की तैयारी कराओ।"

इस प्रकार रामचन्द्र जी ने सब से कह सुन कर वालि के अन्तिम संस्कार की तैयारी करवाई।

वालि की शवयात्रा में बड़े-बड़े योद्धा और किष्किन्धा निवासी रोते कलपते शमशान घाट पहुँचे। स्त्रियों के करुणाजनक विलाप से सम्पूर्ण वातावरण शोकाकुल प्रतीत हो रही थी। नदी के तट पर जब चिता बना कर वालि का शव उस पर रखा गया तो सम्पूर्ण वातावरण एक बार फिर

करुण चीत्कार से गूँज उठा। तारा पुनः वालि के शव से लिपट गई। वह चिता पर ही उससे लिपट कर विलाप किये जा रही थी। बड़ी कठिनाई से उसे को वालि के शव से पृथक किया गया। अन्त में अंगद ने चिता को अग्नि दी। जब वालि का शरीर पंचतत्व में विलीन हो गया तो श्री रामचन्द्र जी ने लक्ष्मण, सुग्रीव, अंगद एवं अन्य प्रमुख वानरों के साथ मिल कर उसके लिये जलांजलि दी।

10

सुग्रीव का अभिषेक

- सुग्रीव का अभिषेक

वालि के अन्तिम संस्कार से निवृत्त हो जाने के पश्चात् हनुमान ने हाथ जोड़कर श्री रामचन्द्र जी से निवेदन किया, "हे ककुत्स्थनन्दन! वानरराज सुग्रीव को आपकी कृपा से उनके पूर्वजों का राज्य पुनः प्राप्त हो गया है। यह अत्यन्त कठिन कार्य था जो कि आपके प्रसाद स्वरूप ही सम्पन्न हो पाया है। अब आप कृपा कर के उनका राजतिलक कर अंगद को युवराज पर प्रदान करें।"

हनुमान की प्रार्थना सुन कर राम बोले, "हनुमन्! सौम्य! मैं पिता की आज्ञा का पालन करते हुये वन में निवास कर रहा हूँ अतः चौदह वर्ष की अवधि पूर्ण होने के पूर्व किसी नगर अथवा ग्राम में जाना मेरे लिये उचित नहीं है। अतएव तुम लोग सुग्रीव के साथ नगर में जा कर राज्याभिषेक की प्रक्रिया पूर्ण करो।"

फिर राम ने सुग्रीव से कहा, "हे मित्र! तुम लौकिक और शास्त्रीय व्यवहार के के ज्ञाता हो, नीतिवान और लोकव्यवहार कुशल हो, इसलिये अपने भतीजे अंगद को युवराज का पद प्रदान करो। वह तुम्हारे ज्येष्ठ भ्राता का पुत्र ही नहीं है, पराक्रमी और वीर भी है। कुछ दिन तुम लोग राज्य में रह कर शासन व्यवस्था को सुव्यवस्थित करो और प्रजा की

भलाई में मन लगाओ। श्रावण का महीना आ गया है और वर्षा की ऋतु का आरम्भ हो चुका है। अतः चार मास तक सीता की खोज सम्भव नहीं है। वर्षा की समाप्ति पर जानकी की खोज कराना। मैं इस अवधि में लक्ष्मण सहित इसी पर्वत पर निवास करूँगा।"

राम से विदा हो कर सुग्रीव किष्किन्धा जा कर किष्किन्धापुरी की शासन व्यवस्था में व्यस्त हो गये।

इस अन्तराल में राम लक्ष्मण के साथ प्रस्रवण पर्वत पर निवास करने लगे। एक सुरक्षित कन्दरा को कुटिया का रूप दे कर वे लक्ष्मण से बोले, "हे भाई! हम वर्षा ऋतु यहीं व्यतीत करेंगे। वृक्षादि से सुशोभित यह पर्वत अत्यन्त रमणीक है। इस गुफा के निकट ही सरिता के प्रवाहित होने के कारण यह स्थान हमारे लिये और भी सुविधाजनक रहेगा। यहाँ से किष्किन्धा भी अधिक दूर नहीं है, किन्तु इस शान्तिप्रद वातावरण में भी जानकी का वियोग मुझे दुःखी कर रहा है। उसके बिना मेरे हृदय में भयंकर पीड़ा होती है।"

इतना कह कर वे शोक में डूब गये।

अपने अग्रज को शोकातुर देख कर लक्ष्मण बोले, "हे वीर! इस प्रकार व्यथित होने से कोई लाभ नहीं है। शोक से तो उत्साह नष्ट होता है। और उत्साहहीन हो जाने पर रावण से हम कैसे प्रतिशोध ले सकेंगे? इसलिये आप धैर्य धारण कीजिये। हम रावण को मार कर भाभी को अवश्य मुक्त करायेंगे। केवल कुछ दिनों की बात और है।"

लक्ष्मण के वचनों से राम ने अपने हृदय को स्थिर किया और वे प्रकृति की शोभा निहारने लगे। थोड़ी देर तक वे वर्षाकालीन प्राकृतिक दृश्यों का अवलोकन करते रहे। फिर लक्ष्मण से बोले, "हे लक्ष्मण! देखो इस वर्षा ऋतु में प्रकृति कितनी सुन्दर प्रतीत होती है। ये दीर्घाकार मेघ पर्वतों का रूप धारण किये आकाश में दौड़ रहे हैं। इस वर्षा ऋतु में ये मेघ अमृत की वर्षा करेंगे। उस अमृत से भूतलवासियों का कल्याण करने वाली नाना प्रकार की औषधियाँ, वनस्पति, अन्न आदि उत्पन्न होंगे। इधर इन बादलों को देखो, एक के ऊपर एक खड़े हुये ये ऐसे प्रतीत होते हैं मानो प्रकृति ने सूर्य तक पहुँचने के लिये इन कृष्ण-श्वेत सीढ़ियों का निर्माण किया है। शीतल, मंद, सुगन्धित समीर हृदय को किस प्रकार

प्रफुल्लित करने का प्रयत्न कर रही हैं, किन्तु विरहीजनों के लिये यह अत्यधिक दुःखदायी भी है। उधर पर्वत पर से जो जलधारा बह रही है, उसे देख कर मुझे ऐसा आभास होता है कि सीता भी मेरे वियोग में इसी प्रकार अश्रुधारा बहा रही होगी। इन पर्वतों को देखो, इन्हें देखकर लगता है जैसे ब्रह्मचारी बैठे हों। ये काले-काले बादल इनकी मृगछालाएँ हों। नद-नाले इनके यज्ञोपववीत हों और बादलों की गम्भीर गर्जना वेदमंत्रों का पाठ हो। कभी कभी ऐसा प्रतीत होता है कि ये बादल गरज नहीं रहे हैं अपितु बिजली के कोड़ों से प्रताड़ित हो कर पीड़ा से कराहते हुये आर्तनाद कर रहे हैं। काले बादलों में चमकती हुई बिजली ऐसी प्रतीत हो रही है मानो राक्षसराज रावण की गोद में मूर्छित पड़ी जानकी हो। हे लक्ष्मण! जब भी मैं वर्षा के दृश्यों को देख कर अपने मन को बहलाने की चेष्टा करता हूँ तभी मुझे सीता का स्मरण हो आता है। यह देखो, काले मेघों ने दसों दिशाओं को अपनी काली चादर से इस प्रकार आवृत कर लिया है जैसे मेरे हृदय की समस्त भावनाओं को जानकी के वियोग ने आच्छादित कर लिया है।

"इस वर्षा ऋतु में राजा लोग अपने शत्रु पर आक्रमण नहीं करते, गृहस्थ लोग घर से परदेस नहीं जाते। घर उनके लिये अत्यन्त प्रिय हो जाता है। राजहंस भीमानसरोवर की ओर चल पड़ते हैं। चकवे अपनी प्रिय चकवियों के साथ मिलने को आतुर हो जाते हैं और उनसे मिल कर अपूर्व प्राप्त करते हैं। किन्तु मैं एक ऐसा अभागा हूँ जिसकी चकवी रूपी सीता अपने चकवे से दूर है। मोर अपनी प्रियाओं के साथ नृत्य कर रहे हैं। ऐसा प्रतीत होता है कि बगुलों की पंक्तियों से शोभायमान, जल से भरे, श्यामवर्ण मेघ मानो किसी लम्बी यात्रा पर जा रहे हैं। वे पर्वतों के शिखरों पर विश्राम करते हुये चल रहे हैं। पृथ्वी पर नई-नई घास उग आई है और उस पर बिखरी हुई लाल-लाल बीरबहूटियाँ ऐसी प्रतीत होती हैं मानो कोई नवयौवना कामिनी हरे परिधान पर लाल बूटे वाली बेल लगाये लेटी हो। सारी पृथ्वी इस वर्षा के कारण हरीतिमामय हो रही हैं। सरिताएँ कलकल नाद करती हुई बह रही हैं। वानर वृक्षों पर अठखेलियाँ कर रहे हैं। इस सुखद वातावरण में केवल विरहीजन अपनी प्रियाओं के वियोग में तड़प रहे हैं। उन्हें इस वर्षा की सुखद फुहार में भी शान्ति नहीं मिलती। देखो,

ये पक्षी कैसे प्रसन्न होकर वर्षा की मंद-मंद फुहारों में स्नान कर रहे हैं। उधर वह पक्षी पत्तों में अटकी हुई वर्षा की बूँद को चाट रहा है। सूखी मिट्टी में सोये हुये मेंढक मेघों की गर्जना से जाग कर ऊपर आ गये हैं और टर्र-टर्र की गर्जना करते हुये बादलों की गर्जना से स्पर्द्धा करने लगे हैं। जल की वेगवती धाराओं से निर्मल पर्वत-शिखरों से पृथ्वी की ओर दौड़ती हुई सरिताओं की पंक्तियाँ इस प्रकार बिखर कर बह रही हैं जैसे किसी के धवल कण्ठ से मोतियों की माला टूट कर बिखर रही हो। लो, अब पक्षी घोंसलों में छिपने लगे हैं, कमल सकुचाने लगे हैं और मालती खिलने लगी है, इससे प्रतीत होता है कि अब शीघ्र ही पृथ्वी पर सन्ध्या की लालिमा बिखर जायेगी।"

फिर राम निःश्वास छोड़ कर बोले, "वालि के मरने से सुग्रीव ने अपना राज्य पा लिया। अब वह अपनी बिछुड़ी हुई पत्नी को पुनः पाकर इस वर्षा का आनन्द उठा रहा होगा। पता नहीं, मैं अपनी बिछुड़ी हुई सीता के कब दर्शन करूँगा। अब तो श्रावण मास का अन्त हो चला है। शीघ्र ही शरद ऋतु का प्रारम्भ होगा। दुर्गम मार्ग फिर आवागमन के लिये खुल जायेंगे। मुझे विश्वास है, शरद ऋतु आते ही सुग्रीव अपने गुप्तचरों से अवश्य सीता की खोज करायेगा।"

इतना कह कर राम गम्भीर कल्पना सागर में गोते लगाने लगे।

11

हनुमान-सुग्रीव संवाद

• हनुमान-सुग्रीव संवाद

पवनकुमार हनुमान शास्त्र-विद्, नीतिज्ञ और सूझबूझ वाले मनीषी थे। कब क्या करना चाहिये और क्या नहीं जैसी बातों का उन्हें यथार्थ ज्ञान था। बातचीत करने की कला में वे निपुण थे। उन्होंने देखा, आकाश निर्मल हो गया है, अब न तो बादल ही दिखाई पड़ते हैं और न ही बिजली चमकती है; वर्षा ऋतु समाप्त हो गई है। वे सुग्रीव के विषय में विचार करने लगे। उन्हें स्पष्ट प्रतीत हुआ कि मनोरथ सिद्ध हो जाने के पश्चात् सुग्रीव अपने कर्तव्य की अवहेलना कर के विलासिता में मग्न रहने लगे हैं। उनकी पत्नी रुमा के साथ ही साथ अब तारा भी उनके विलास लीला का एक महत्वपूर्ण अंग बन गई है। राजकाज का भार केवल मन्त्रियों के भरोसे छोड़ कर वे स्वयं स्वेच्छाचारी होते जा रहे हैं। श्री रामचन्द्र जी को दिये गये अपने वचन का उन्हें स्मरण भी नहीं रह गया है।

इस प्रकार से सभी तरह से विचार करके हनुमान सुग्रीव के पास जा कर बोले, "हे राजन्! आपको राज्य और यश दोनों की ही प्राप्ति हो चुकी है। आपने कुल परम्परा से प्राप्त लक्ष्मी का भी विस्तार कर लिया है। अब आपको मित्रों को अपनाने के को भी पूरा कर डालना चाहिये। आपने

मित्र के कार्य को सफल बनाने के लिये जो प्रतिज्ञा की है, उसे पूरा करना चाहिये। आप तो जानते ही हैं कि श्री राम हमारे परम मित्र और हितैषी हैं। उनके कार्य का समय बीता जा रहा है। इसलिये हमें जनकनन्दिनी सीता की खोज आरम्भ कर देनी चाहिये।"

सुग्रीव सत्वगुण से सम्पन्न थे। हनुमान के द्वारा स्मरण दिलाये जाने पर तत्काल उन्होंने श्री राम के कार्य को सिद्ध करने का निश्चय किया। उन्होंने नील नामक कुशल वानर को बुला कर आज्ञा दी, "हे नील! तुम ऐसा प्रयत्न करो जिससे मेरी सम्पूर्ण सेना शीघ्र यहाँ एकत्रित हो जाय। सभी यूथपतियों को सेना एवं सेनापतियों के साथ यहाँ अविलम्ब एकत्रित होने का आदेश दो। राज्य सीमा की रक्षा करने वाले सब उद्यमी एवं शीघ्रगामी वानरों को यहाँ तत्काल उपस्थित होने के लिये आज्ञा प्रसारित करो। सभी को सूचित कर दो कि जो भी वानर पन्द्रह दिन के अन्दर यहाँ बिना किसी अपरिहार्य कारण के उपस्थित नहीं होगा, उसे प्राण-दण्ड दिया जायेगा।"

ऐसा प्रबन्ध कर सुग्रीव अपने महलों में चले गये।

शरद ऋतु का आरम्भ हो गया किन्तु राम को सुग्रीव द्वारा सीता के लिये खोज करने की के विषय में कोई सूचना नहीं मिली। वे सोचने लगे कि सुग्रीव अपना उद्देश्य सिद्ध हो जाने पर मुझे बिल्कुल भूल गया है। ऐसा प्रतीत होता है कि अब सीता को पाने की कोई आशा शेष नहीं रह गई है। न जाने सीता पर कैसी बीत रही होगी। राजहंसों के शब्दों को सुन कर निद्रात्याग करने वाली सीता न जाने अब कैसे रह रही होगी। यह शरद ऋतु उसे और भी अधिक व्याकुल कर रही होगी। यह सोचते हुये राम सीता को स्मरण कर के विलाप करने लगे।

उस समय लक्ष्मण फल एकत्रित करने के लिये गये हुए थे। जब लक्ष्मण फल ले कर समीपवर्ती वाटिका से लौटे तो उन्होंने अपने बड़े भाई की अवस्था पर दृष्टिपात किया। लक्ष्मण को देखते ही उन्होंने निश्वास ले कर कहा, "हे लक्ष्मण! पृथ्वी को जलप्लावित कर देने वाले गरजते बादल अब शान्त हो कर पलायन कर गये हैं। आकाश निर्मल हो गया है। चन्द्रमा, नक्षत्र और सूर्य की प्रभा पर शरद ऋतु का प्रभाव स्पष्ट दृष्टिगोचर होने लगा है। हंस मानसरोवर का परित्याग कर पुनः लौट

आये हैं और चक्रवातों के समान सरिता के रेतीले तटों पर क्रीड़ा कर रहे हैं। वर्षाकाल में मदोन्मत्त हो कर नृत्य करने वाले मोर अब उदास हो गये हैं। सरिता की कल-कल करती वेगमयी गति अब मन्द पड़ गई है मानो वे कह रही हैं कि चार दिन के यौवन पर मदोन्मत्त हो कर गर्व करना उचित नहीं है। सूर्य की किरणों ने मार्ग की कीचड़ को सुखा डाला है, इससे वे आवागमन और यातायात के लिये खुल गये हैं। राजाओं की यात्रा के दिन आ गये हैं, परन्तु सुग्रीव ने न तो अब तक मेरी सुधि ली है और न जानकी की खोज कराने की कोई व्यवस्था ही की है। वर्षाकाल के ये चार मास सीता के वियोग में मेरे लिये सौ वर्ष से भी अधिक लम्बे हो गये हैं। परन्तु सुग्रीव को मुझ पर अभी तक दया नहीं आई। पता नहीं मेरे भाग्य में क्या लिखा है। राज्य छिन गया, देश निकाला हो गया, पिता की मृत्यु हो गई, पत्नी का अपहरण हो गया और अन्त में इस वानर के द्वारा भी ठगा गया। हे वीर! तुम्हें याद होगा कि सुग्रीव ने प्रतिज्ञा की थी कि वर्षा ऋतु समाप्त होते ही सीता की खोज कराऊँगा, परन्तु अपना स्वर्थ सिद्ध हो जाने के बाद वह इस प्रतिज्ञा को इस प्रकार भूल गया है। इसलिये तुम किष्किन्धा जा कर उस स्वार्थी वानर से कहो कि जो प्रतिज्ञा कर के उसका पालन नहीं करता, वह नीच और पतित होता है। क्या वह भी वालि के जैसे ही यमलोक को जाना चाहता है? तुम उसे मेरी ओर से सचेत कर दो ताकि मुझे कोई कठोर पग उठाने के लिये विवश न होना पड़े।"

12

लक्ष्मण-सुग्रीव संवाद

• लक्ष्मण-सुग्रीव संवाद

श्री रामचन्द्र जी की आज्ञा पाकर, सदैव बड़े भाई के हित में लगे रहने वाले, लक्ष्मण क्रुद्ध होकर किष्किन्धा की ओर चले। मार्ग के वृक्षों को बलपूर्वक गिराते हुए, पर्वतशिखरों को उठा कर फेंकते हुए, नगर की ऊँची-ऊँची अट्टालिकाओं से सुशोभित बाजारों और चौराहों को पार कर, वे सुग्रीव के राजप्रासाद में जा पहुँचे। लक्ष्मण को अत्यन्त क्रोधित देख कर सुग्रीव के सुभट भयभीत हो कर इधर-उधर भागने लगे। लक्ष्मण सीधे सुग्रीव के रनिवास में पहुँचे। वहाँ से मृदंग की ताल के साथ कोकिलकण्ठी कामिनियों के गायनों के स्वर निकल रहा था। महाबली लक्ष्मण ने सुग्रीव के उस अन्तःपुर में अनेक रूपरंग की बहुत सी रूप-यौवन के गर्व से भरी हुई सुन्दरी स्त्रियों को देखा। नूपुरों की झंकार और करधनी की खनखनाहट करती हुई परस्त्रियों को देख कर शीलवान लक्ष्मण अत्यन्त लज्जित हो गये। श्री रामचन्द्र जी का कार्य सिद्ध होते न देख कर कुपित लक्ष्मण ने धनुष की टंकार की जिससे समस्त दिशाएँ गूँज उठीं।

उस समय सुग्रीव के कक्ष में इन्द्र की अप्सराओं को भी लजाने वाली नृत्यांगनाएँ नूपुरों और मेखलाओं की झंकार के साथ नृत्य कर रही थीं

और सुग्रीव मद्यपान से अचेत अर्द्धनिमीलित नेत्रों से यह सब देख रहा था। धनुष के टंकार की ध्वनि को सुनते ही नृत्य करने वाली रमणियाँ भयभीत हो कर एक ओर खड़ी हो गईं। भय से सुग्रीव का मुख पीला पड़ गया। उसने सहम कर तारा से पूछा, "हे प्रिये! रामचन्द्र जी का यह छोटा भाई अकारण ही इतना क्रुद्ध हो कर क्यों आया है? तुम अपनी मृदु वाणी से उसे शान्त करो! जैसे भी हो वाणी कौशल से उसके क्रोध को शान्त कर के यहाँ आने का कारण ज्ञात करो।"

पति की आज्ञा का पालन करती हुई मुस्कुराती तारा लक्ष्मण के पास पहुँची। अपने सम्मुख सुन्दर युवती को पा कर ब्रह्मचारी लक्ष्मण ने अपने क्रोध को नियन्त्रित किया और अपनी दृष्टि झुका ली। लक्ष्मण को दृष्टि झुकाये देख तारा का भय कुछ कम हुआ।

तारा मृदु वाणी में बोली, "हे रघुकुलश्रेष्ठ! आपके इस क्रोध का क्या कारण है? क्या हम से कोई अपराध हुआ है? यदि आपके दास सुग्रीव से कोई अपराध हुआ भी है तो भी आप जैसे उदार एवं क्षमाशील महापुरुष को उसे क्षमा प्रदान करनी चाहिये। वे आपके सेवक हैं, कृतघ्न नहीं हैं, और न ही वे कपटी एवं मिथ्यावादी हैं। आपके उपकार को वे सदा स्मरण करते रहते हैं और आप दोनों भाइयों का ही गुणगान करते रहते हैं। श्री रामचन्द्र की कृपा से ही उन्होंने अपने राज्य को, रुमा को और मुझे प्राप्त किया है। भारी दुःख के बाद सुख मिलने के कारण उनसे कुछ भूल हो गई है और वे आपके दर्शन न कर सके। आप तो जानते ही हैं कि विश्वामित्र जैसे महामुनि भी घृताची नामक अप्सरा पर मुग्ध हो कर दस वर्ष तक उसके साथ रमण करते रहे थे, फिर सुग्रीव तो एक साधारण व्यक्ति है। हे राघव! मैं हाथ जोड़ कर प्रार्थना करती हूँ कि आप उन्हें क्षमा कर दें। मैं आपको विश्वास दिलाती हूँ कि वे श्री रामचन्द्र जी के कार्य के लिये राज्य का सुख, मुझे, रुमा को और अंगद को भी छोड़ देंगे और जब तक जनक दुलारी सीता जी को श्री रामचन्द्र जी से नहीं मिला देंगे तब तक शान्ति से नहीं बैठेंगे। वानरों के सरदारों को बुलाने के लिये दूत भेजे जा चुके हैं। आज ही वे सब लोग आने वाले हैं। उन सब को ले कर वे आज ही सीतापति के पास जायेंगे। आप क्रोध त्याग कर मेरी बात पर विश्वास करें। मैं कभी मिथ्या भाषण नहीं करती।"

तारा के वाक्यों से शान्त हो कर लक्ष्मण सुग्रीव के पास पहुँचे। लक्ष्मण के पहुँचते ही सुग्रीव अपने आसन से उठ कर खड़ा हो गया। उसके एक ओर रुमा और दूसरी ओर तारा थी। लक्ष्मण ने क्रुद्ध हो कर कहा, "हे वानरराज! संसार जितेन्द्रिय, दयालु और कृतज्ञ राजा का ही सम्मान करता है। जो किसी मनुष्य को सहायता देने का वचन दे कर भी उसकी सहायता नहीं करता उसे आत्महत्या जैसा महापाप लगता है। शास्त्रों में गौघाती, चोर और अपना व्रत भंग करने वाले के लिये तो प्रायश्चित का प्रावधान है, परन्तु कृतघ्नता के पाप का कोई प्रयश्चित नहीं बताया गया है। उसे तो अनन्त काल तक नरक की यातनाएँ भोगनी पड़ती हैं। रामचन्द्र जी ने तुम्हारे साथ जो उपकार किया है, उसे भुला देना तुम्हारे लिये उचित नहीं है। इसलिये सुग्रीव! अब तुम्हें उस वचन का पालन करना चाहिये जो तुमने उन्हें दिया है।"

लक्ष्मण की बात सुन कर सुग्रीव अत्यन्त नम्रता के साथ बोला, "हे रघुकुलतिलक! श्री रामचन्द्र जी की दया से ही मैंने अपना खोया हुआ राज्य फिर से पाया है, इसलिये उनके इस महान उपकार को मैं जीवन भर नहीं भूल सकता। मैं जानता हूँ, वे अपने अपूर्व पराक्रम से सीता को चुराने वाले राक्षस को एक क्षण में नष्ट कर सकते हैं, केवल मेरा मान बढ़ाने के लिये वे मुझसे सहायता माँग रहे हैं। इसके लिये मैं उनका अत्यन्त अनुग्रहीत हूँ। उनके साथ मेरी सेना और मैं भी युद्ध करने के लिये चलेंगे। अब तक हुए विलम्ब के लिये आप मुझे क्षमा करें।"

लक्ष्मण इन वचनों से सन्तुष्ट हो कर बोले, "अब तुम मेरे साथ चल कर भैया के दुःखी मन को सन्तोष दो। वे सीता जी के वियोग में बहुत दुःखी हो रहे हैं।"